Rieger · Tarifeinheit mit Rechtsunsicherheit

Patrick Rieger

Tarifeinheit mit Rechtsunsicherheit

Anmerkungen zum Urteil des Bundesverfassungsgerichts

Gans Verlag
Berlin

Berliner wirtschaftsrechtliche Schriften, Bd. 9

Von Professor Dr. Michael Jaensch und Professorin Dr. Irmgard Küfner-Schmitt herausgegeben.

Bibliografische Informationen der Deutschen Nationalbibliothek

Die Deutsche Nationalbibliothek verzeichnet diese Publikation in der Deutschen Nationalbibliografie; detaillierte bibliografische Daten sind im Internet über http://dnb.dnb.de abrufbar.

ISBN 978-3-946392-10-1

Patrick Rieger
Tarifeinheit mit Rechtsunsicherheit
1. Auflage 2017

Inhaltsverzeichnis

I. Einleitung

Mit seiner Entscheidung vom 11. Juli 2017 hat sich das Bundesverfassungsgericht zum ersten – aber wohl nicht zum letzten Mal – zu den verfassungsrechtlichen Fragen rund um die Tarifeinheit geäußert[1]. Gegenstand der Entscheidung ist die Regelung des § 4a TVG, die im Sommer 2015 in das TVG eingefügt wurde, da sich der Gesetzgeber durch einige besonders intensive Streiks sog. Berufsgruppengewerkschaften dazu veranlasst sah, regulierend in das Tarifgeschehen einzugreifen[2]. Die Regelung soll zu einer betrieblichen Tarifeinheit führen, womit der Gesetzgeber auch auf eine Änderung der Rechtsprechung des Bundesarbeitsgerichts reagiert, das im Jahr 2010 seine Rechtsprechung zur betrieblichen Tarifeinheit aufgegeben hatte. Dadurch wurde es möglich, dass innerhalb eines Betriebes mehrere Tarifverträge angewendet werden konnten, was der Gesetzgeber zugunsten der Schutz-, Verteilungs-, Befriedungs- und Ordnungsfunktion des Tarifvertrages nun wieder verhindern möchte (vgl. § 4a Abs. 1 TVG).

Die Regelung des § 4a TVG führt dazu, dass in den Fällen, in denen sich die Geltungsbereiche unterschiedlicher Tarifverträge innerhalb eines Betriebs überschneiden (sog. Tarifkollision), die Inhaltsnormen des Tarifvertrags der jeweiligen Minderheitsgewerkschaft vollständig aus dem Betrieb verdrängt werden und nur der Tarifvertrag der Mehrheitsgewerkschaft weiter angewendet wird (§ 4a Abs. 2 TVG)[3]. Die jeweiligen Mehrheitsverhältnisse können dabei in Streitfällen durch ein arbeitsgerichtliches Beschlussverfahren festgestellt werden. Der Arbeitgeber wird durch die Regelung dazu verpflichtet, den Gewerkschaften in seinem Betrieb die Aufnahme von Tarifverhandlungen bekannt zu geben und deren tarifpolitische Forderungen anzuhören (§ 4a Abs. 5 TVG). Kommt es zur Verdrängung eines Minderheitstarifvertrags, steht der betroffenen Gewerkschaft ein Nachzeichnungsrecht

---

1 BVerfG v. 11.07.2017, 1 BvR 1571/15 (u.a.), NZA 2017, 915.

2 Zur Historie der Tarifeinheit siehe *Rieger*, Tarifeinheitsgesetz, S. 36 ff.

3 Jedenfalls nach der überwiegenden Auffassung in der Literatur, siehe nur *Konzen/Schliemann*, RdA 2015, 1, 7; *Scholz/Lingemann/Ruttloff,* NZA-Beilage 2015, 3, 12; sowie weitere Nachweise bei *Rieger*, Tarifeinheitsgesetz, S. 49.

für den Mehrheitstarifvertrag zu, das so weit reicht, wie sich die Rechtsnormen beider Verträge überschneiden (§ 4a Abs. 4 TVG).

Die Mehrheitsmeinung im 2. Senat kommt in der Entscheidung vom 11. Juni 2017 zu dem Ergebnis, dass § 4a TVG weitgehend mit dem Grundgesetz vereinbar ist. Eine Unvereinbarkeit mit dem Grundgesetz wird jedoch insoweit festgestellt, als Vorkehrungen fehlen, die sicherstellen, dass die Interessen der jeweiligen Minderheit an Arbeitnehmern, deren Tarifvertrag verdrängt wurde, im verdrängenden Tarifvertrag hinreichend berücksichtigt werden. Bis zu einer Neuregelung durch den Gesetzgeber, die die Interessen der Minderheit hinreichend berücksichtigt – längstens bis zum 31. Dezember 2018 – kann § 4a Abs. 2 S. 2 TVG allerdings weiter angewendet werden. Dies gilt jedoch nur unter der Maßgabe, dass ein Tarifvertrag nur dann verdrängt wird, wenn plausibel dargelegt werden kann, dass die jeweilige Mehrheitsgewerkschaft auch die Interessen der betroffenen Minderheit ernsthaft und wirksam in ihrem Tarifvertrag berücksichtigt.

Zwei der Richter des Senats können dieser Mehrheitsmeinung jedoch nicht vollständig folgen, wobei sich ihre abweichende Auffassung sowohl auf die Begründung als auch auf das Ergebnis der Entscheidung bezieht. Die Ansicht der dissentierenden Richter weicht dabei insbesondere bei der Bewertung der Zumutbarkeit der Regel und bei der anzuordnenden Rechtsfolge von der Mehrheitsmeinung ab[4].

---

[4] BVerfG v. 11.07.2017, 1 BvR 1571/15 (u.a.), NZA 2017, 915, Rn. 1 des Sondervotums.

II. Entscheidung des BVerfG

Nach Ansicht der Mehrheitsmeinung des Ersten Senats ist die Regelung des § 4a TVG weitgehend mit der Verfassung vereinbar, da damit zwar eine Beeinträchtigung des Schutzbereichs der Koalitionsfreiheit verbunden sei, jedoch sei diese durch legitime Ziele des Gesetzgebers gerechtfertigt und erweise sich bei verfassungskonformer Auslegung auch weitgehend als verhältnismäßig. Verfassungswidrig sei die Regelung nur insoweit, wie die Interessen der betroffenen Berufsgruppen im Rahmen der Nachzeichnung nicht hinreichend berücksichtigt werden, da die Regelung dadurch unzumutbar und mithin unverhältnismäßig sei.

1. Beeinträchtigung der Koalitionsfreiheit

Der Schutzbereich der Koalitionsfreiheit aus Art. 9 Abs. 3 GG wird vom Gericht weitgehend in Übereinstimmung mit der überkommenen Definition bestimmt[5], wobei ergänzend festgestellt wird, dass mit der Koalitionsfreiheit kein Recht verbunden sei, Schlüsselpositionen absolut tarifpolitisch zu verwerten oder die damit verbundene Blockademacht zu eigenem Nutzen zu verwenden[6].

Mit Bezug auf § 4a TVG stellt das Gericht zunächst grundsätzlich fest, dass durch die Verdrängung des Minderheitstarifvertrags in einem schwerwiegenden Umfang[7] in diesen Schutzbereich eingegriffen werde und dass damit insbesondere eine schwere Beeinträchtigung der Tarifautonomie verbunden sei[8]. Die Verdrängung verhindere, dass die Gewerkschaftsmitglieder in den Genuss der vereinbarten tarifvertraglichen Regelungen kämen, und bewirke, dass den betroffenen Gewerkschaften die erzielten Ergebnisse genommen würden.

---

5 BVerfG v. 11.07.2017, 1 BvR 1571/15 (u.a.), NZA 2017, 915, Rn. 130 – 133 (m. w. N.).

6 BVerfG v. 11.07.2017, 1 BvR 1571/15 (u.a.), NZA 2017, 915, Rn. 132.

7 BVerfG v. 11.07.2017, 1 BvR 1571/15 (u.a.), NZA 2017, 915, Rn. 167 – 168.

8 BVerfG v. 11.07.2017, 1 BvR 1571/15 (u.a.), NZA 2017, 915, Rn. 135.

Ferner seien mit der Verdrängung grundrechtsbeeinträchtigende Vorwirkungen verbunden, da bereits die drohende Verdrängung die innere Ordnung einer strukturell unterlegenen Minderheitsgewerkschaft beeinflusse und damit deren Koalitionsfreiheit beeinträchtigen könne[9]. Des Weiteren werde die Mitgliederwerbung und -mobilisierung gestört und durch die Offenlegung der Mitgliederzahlen könne eine Gewerkschaft gezwungen sein, ihre Kampfstärke im Betrieb offenzulegen, was die Parität zwischen den Tarifvertragsparteien beeinträchtige.

Mit Bezug zur Arbeitskampffreiheit der Gewerkschaften stellt das BVerfG hingegen fest, dass diese durch das Gesetz nicht beeinträchtigt wird. Die mögliche Verdrängung des Minderheitstarifvertrags wirke sich nicht auf die Bewertung der Verhältnismäßigkeit eines Arbeitskampfes für diesen Tarifvertrag aus, wobei unbeachtlich sei, dass in der Gesetzesbegründung darauf hingewiesen wird, dass die Verdrängung durch die Arbeitsgerichte bei der Bewertung der Verhältnismäßigkeit zu beachten ist[10]. Ferner sei im Rahmen der Rechtsprechung der Arbeitsgerichte sicherzustellen, dass sich aus der späteren Verdrängung eines Tarifvertrages weder bei klaren noch bei unklaren Mehrheitsverhältnissen Haftungsrisiken für eine streikende Minderheitsgewerkschaft ergeben, so dass es auch nicht zu einer mittelbaren Beschränkung der Arbeitskampffreiheit komme[11].

2. Rechtfertigung der Beeinträchtigung

a. Eingriffs- und Ausgestaltungsbefugnis des Gesetzgebers

Zur Rechtfertigung einer Beeinträchtigung der Koalitionsfreiheit im Allgemeinen führt das BVerfG aus, dass diese durch ein Rechtsgut im Verfassungsrang vorgenommen werden könne[12], wozu auch der Erhalt oder die Herstellung der Funktionsfähigkeit der Tarifautonomie zähle. Der Gesetzgeber dürfte daher zugunsten dieses Rechtsguts die Koalitionsfreiheit beeinträchtigen, wobei er im Rahmen einer Ausgestaltung der Koalitionsfreiheit

---

9 BVerfG v. 11.07.2017, 1 BvR 1571/15 (u.a.), NZA 2017, 915, Rn. 136 u. 169.

10 BT-Ds. 18/4062, S. 12.

11 BVerfG v. 11.07.2017, 1 BvR 1571/15 (u.a.), NZA 2017, 915, Rn. 138 – 140.

12 BVerfG v. 11.07.2017, 1 BvR 1571/15 (u.a.), NZA 2017, 915, Rn. 143.

einen weitreichenden Prognose- und Handlungsspielraum beanspruchen könne[13].

Eine Ausgestaltung sei dabei insbesondere in solchen Regelungen zu sehen, die das Verhältnis der sich gegenüberstehenden Tarifvertragsparteien betreffen und die sicherstellen, dass in Tarifverhandlungen ein angemessener Ausgleich zwischen den Tarifvertragsparteien erfolgt[14]. Dieser faire Ausgleich und die damit verbundene Richtigkeitsgewähr seien der Grund für die grundrechtlich gewährte Koalitionsfreiheit und dem Gesetzgeber komme daher die Aufgabe und auch die Verpflichtung zu, durch die Gestaltung der strukturellen Rahmenbedingungen die Parität der Tarifvertragsparteien zu schützen.

Eine Ausgestaltungsbefugnis bestehe aber auch für das Verhältnis zwischen den Tarifvertragsparteien einer Seite, wenn die jeweiligen Regelungen ebenfalls sicherstellen, dass in Tarifverhandlungen ein fairer Ausgleich zwischen den beteiligten Parteien erfolgt. In diesem Fall dienten auch solche Regelungen der Richtigkeitsvermutung des Tarifvertrages, so dass der Gesetzgeber auch auf diese Weise die strukturellen Rahmenbedingungen der Tarifautonomie ausgestalten dürfe[15]. Dabei sei aber zu beachten, dass zur Rechtfertigung einer solchen Ausgestaltung praktische Schwierigkeiten im Umgang mit der Koalitionspluralität allein nicht genügen und dass einer gezielten Schwächung einzelner durchsetzungsstarker oder berufsspezifischer Koalitionen die staatliche Neutralitätspflicht entgegenstünde.

b. Legitimes Ziel des TEG

Ausgehend von diesem Prüfungsmaßstab untersucht das BVerfG die Regelungen des Tarifeinheitsgesetzes[16]. Dabei kommt es zu dem Ergebnis, dass der Gesetzgeber mit den in der Gesetzesbegründung genannten Zielen legitime und bedeutende Anliegen verfolgt, da er darauf abziele, die Funktion des Tarifvertragssystems zu erhalten. Insbesondere sei dem Gesetzgeber zuzugestehen, dass er das Verhältnis zwischen den Gewerkschaften regelt,

---

13 BVerfG v. 11.07.2017, 1 BvR 1571/15 (u.a.), NZA 2017, 915, Rn. 144 u. 149.

14 BVerfG v. 11.07.2017, 1 BvR 1571/15 (u.a.), NZA 2017, 915, Rn. 145 – 147.

15 BVerfG v. 11.07.2017, 1 BvR 1571/15 (u.a.), NZA 2017, 915, Rn. 148 – 150.

16 BVerfG v. 11.07.2017, 1 BvR 1571/15 (u.a.), NZA 2017, 915, Rn. 152 – 157.

wenn er dadurch sicherstellen will, dass die strukturellen Bedingungen des Tarifvertragssystems auch weiterhin ein faires Aushandeln von Arbeits- und Wirtschaftsbedingungen ermöglichen[17]. Bei dieser Regelung komme dem Gesetzgeber ein weiter Prognose- und Ausgestaltungsspielraum zu, den er auch im Hinblick auf zukünftige Funktionsstörungen beanspruchen könne. Da der gewerkschaftliche Wettbewerb das Tarifvertragssystem grundlegend beeinflussen könne, sei dieser Spielraum nicht überschritten, wenn verhindert werden soll, dass der Wettbewerb zu einem materiellen Nachteil für die Arbeitnehmer führt, die bei Arbeitskämpfen keine Blockademacht im Betrieb haben.

c. Verhältnismäßigkeit des TEG

i. Eignung der Regelung zur Erreichung des Ziels

Die Regelung des § 4a TVG erweise sich als geeignet, um das Ziel des Gesetzgebers zu erreichen[18]. Dabei genüge die Möglichkeit, der Zweckerreichung und die Regelung dürfe nur nicht von vornherein untauglich sein, wobei wiederum ein Einschätzungsspielraum des Gesetzgebers zu beachten sei. Bei Anwendung dieses Maßstabs seien die vorliegenden Regelungen als geeignet anzusehen, da die Verdrängung des Tarifvertrags einen Koordinierungsanreiz entfalte, der die Gewerkschaften zur Kooperation bewegen könne, wodurch dem Ausnutzen von Blockadepositionen entgegengewirkt werde.

ii. Erforderlichkeit der Regelung zur Erreichung des Ziels

Die Regelung sei zur Erreichung dieses Ziels auch erforderlich, wobei der Beurteilungs- und Prognosespielraum des Gesetzgebers zu beachten sei[19]. Die Erforderlichkeit einer Regelung sei dabei erst dann nicht mehr gegeben, wenn aufgrund der dem Gesetzgeber vorliegenden Tatsachen und Erfahrungen feststellbar sei, dass gleich wirksame, aber weniger belastende Alternativen in Betracht kommen. Es werde hingegen nicht geprüft, ob die hinter einem Gesetz stehenden Probleme besser gelöst werden könnten. Davon

---

[17] Dem wird auch durch die dissentierenden Richter zugestimmt, BVerfG v. 11.07.2017, 1 BvR 1571/15 (u.a.), NZA 2017, 915, Rn. 2 des Sondervotums.

[18] BVerfG v. 11.07.2017, 1 BvR 1571/15 (u.a.), NZA 2017, 915, Rn. 158 – 161.

[19] BVerfG v. 11.07.2017, 1 BvR 1571/15 (u.a.), NZA 2017, 915, Rn. 162 – 165.

ausgehend habe der Gesetzgeber seinen Prognose- und Gestaltungsspielraum nicht verletzt, da er sich bewusst gegen alternative Konzepte entschieden habe und nicht feststellbar sei, dass die als Alternativen in der Literatur diskutierten Lösungsansätze gleich wirksam und eindeutig weniger belastend seien.

iii. Zumutbarkeit der Regelung

Die Zumutbarkeit der Regelung des § 4a TVG wird vom Gericht nur eingeschränkt bejaht[20]. Einerseits werden die mit der Verdrängung verbundenen und schwerwiegenden Belastungen auch im Lichte der hohen Bedeutung der vom Gesetzgeber verfolgten Ziele nur als zumutbar angesehen, weil sich nach Ansicht des Gerichts durch eine verfassungskonforme Auslegung der Regelung die Belastungswirkungen hinreichend reduzieren lassen. Andererseits sei auch bei verfassungskonformer Auslegung ein Teil der Regelung unzumutbar und stünde somit im Widerspruch zu den verfassungsrechtlichen Anforderungen.

Im Einzelnen stellt das Gericht fest, dass die Belastungswirkung des § 4a TVG durch die Tarifdispositivität der Regelung relativiert werde, da es die Betroffenen selbst in der Hand hätten, ob die Verdrängungswirkung eintritt[21]. Dies ergebe sich aus dem Ziel des Gesetzgebers, der vor allem die Selbstregulierung der Gewerkschaften im Blick habe. Um die Anwendung der Kollisionsnorm auszuschließen, sei es jedoch notwendig, dass alle Gewerkschaften die an den kollidierenden Tarifverträgen beteiligt sind sowie der jeweilige Arbeitgeber in diesem Sinne übereinkommen.

Die Belastungswirkung der Verdrängung des Tarifvertrags werde ferner durch ihre begrenzte Reichweite beschränkt[22]. So käme es nicht zu einer Verdrängung, wenn die verschiedenen Gewerkschaften in einem Betrieb unterschiedliche Personengruppen organisieren, da es in diesen Fällen nicht zu einer Überschneidung des Geltungsbereichs der Tarifverträge käme. Darüber hinaus sei in der arbeitsgerichtlichen Rechtsprechung die Zumutbarkeit

---

20 BVerfG v. 11.07.2017, 1 BvR 1571/15 (u.a.), NZA 2017, 915, Rn. 166 ff.

21 BVerfG v. 11.07.2017, 1 BvR 1571/15 (u.a.), NZA 2017, 915, Rn. 174 – 179.

22 BVerfG v. 11.07.2017, 1 BvR 1571/15 (u.a.), NZA 2017, 915, Rn. 180 – 186.

der Regelung zu wahren, indem die konkurrierenden Tarifverträge so ausgelegt werden, dass der Umfang der Verdrängungswirkung möglichst beschränkt und die Grundrechte der Betroffenen geschont werden. Nach Ansicht des Senats erfasst die Verdrängungswirkung dabei nicht zwingend alle Inhaltsnormen des Minderheitstarifvertrags. Vielmehr seien die Normen des Minderheitstarifvertrags weiter anzuwenden, wenn der Mehrheitstarifvertrag ergänzende Regelungen durch konkurrierende Tarifverträge zulässt, wobei dies auch implizit zum Ausdruck kommen könne.

Die begrenzte zeitliche Wirkung beschränke ebenfalls den beeinträchtigenden Effekt der Verdrängung des Minderheitstarifvertrags, da dieser wieder anwendbar werde, wenn der Mehrheitstarifvertrag abgelaufen ist[23]. Soweit es dadurch zum kurzfristigen Springen einzelner Arbeitnehmer zwischen Tarifwerken komme, obliege es den Fachgerichten, das Wiederaufleben des Tarifvertrags für eine begrenzte Zeit einzuschränken.

Der Nachzeichnungsanspruch leiste ebenfalls einen Beitrag zur Zumutbarkeit der Regelung, jedoch nur, wenn er verfassungskonform und damit weit ausgelegt wird[24]. Die Beschränkung des Anspruchs auf den tatsächlichen inhaltlichen Überschneidungsbereich der Tarifverträge sei angesichts der vollständigen Verdrängung des Minderheitstarifvertrags mit Art. 9 Abs. 3 GG hingegen nicht vereinbar. Tragfähige Gründe für die Beschränkung der Nachzeichnung auf die Rechtsnormen, die auch im Minderheitstarifvertrag enthalten sind, seien nicht erkennbar und bei verfassungskonformer Auslegung erfasse der Nachzeichnungsanspruch mithin den gesamten Mehrheitstarifvertrag.

Die Zumutbarkeit der Regelung werde weiterhin durch das Bekanntgabe- und das Vortragsrecht der tarifzuständigen Gewerkschaften nach § 4a Abs. 5 TVG sichergestellt, jedoch nur, wenn diese Rechte verfassungskonform ausgelegt werden[25]. Den Verfahrensrechten komme dabei verfassungsrechtliche Bedeutung zu, da die Rechte der tarifzuständigen Gewerkschaften nur gesichert werden könnten, wenn diese tatsächlich im Vorfeld an den

---

23 BVerfG v. 11.07.2017, 1 BvR 1571/15 (u.a.), NZA 2017, 915, Rn. 189.

24 BVerfG v. 11.07.2017, 1 BvR 1571/15 (u.a.), NZA 2017, 915, Rn. 190 – 194.

25 BVerfG v. 11.07.2017, 1 BvR 1571/15 (u.a.), NZA 2017, 915, Rn. 195 – 196.

Verhandlungen beteiligt werden. Die Erfüllung dieser Verfahrenspflichten müsse daher als Tatbestandvoraussetzung für die Verdrängungswirkung des § 4a TVG angesehen werden, wobei die Aussage des Gesetzgebers, dass die Tarifeinheit nicht unter dem Vorbehalt der Anhörung stehe, keinen gegenteiligen Schluss zulasse.

Die Belastungen, die mit der Offenlegung der Gewerkschaftszugehörigkeit einhergehen, seien insgesamt zumutbar[26]. Die Fachgerichte seien zwar gehalten, die Bedeutung der Ungewissheit über die Mitgliederstärke für die Verhandlungsposition der Gewerkschaften zu berücksichtigen. Gelinge es mit prozessrechtlichen Mitteln im Einzelfall jedoch nicht, die Offenbarung der Mitgliederstärke zu verhindern, werde dies durch die gesetzgeberischen Ziele gerechtfertigt.

Unzumutbar ist nach der Ansicht des Gerichts die ersatzlose Verdrängung langfristig angelegter, die Lebensplanung der Beschäftigten betreffende Ansprüche, da diese mit dem sich aus Art. 9 Abs. 3 GG einhergehenden Bestandsschutz unvereinbar sei[27]. Der Gesetzgeber habe in § 4a TVG jedoch keine Regelungen vorgesehen, die den ersatzlosen Verlust dieser Ansprüche verhindern oder kompensieren. Um die daraus erwachsenden unzumutbaren Härten abzuwenden, seien die Fachgerichte bei der Anwendung des weiteren maßgeblichen Rechts gehalten, die Zumutbarkeit der Verdrängung langfristiger Ansprüche insgesamt sicherzustellen. Sei dies nicht möglich, soll die entgegenstehende Regelung dem BVerfG zur Kontrolle vorgelegt werden und nötigenfalls wäre der Gesetzgeber zum Handeln verpflichtet.

Gänzlich unzumutbar und auch unter Berücksichtigung der gebotenen Auslegungsmethoden nicht mit Art. 9 Abs. 3 GG vereinbar, seien ferner die fehlenden Vorkehrungen zum Schutz der Interessen einzelner Berufsgruppen oder Branchen im Rahmen des Mehrheitstarifvertrags[28]. Ohne solche Vorkehrungen sei nicht zu verhindern, dass der nachgezeichnete Tarifvertrag

---

[26] BVerfG v. 11.07.2017, 1 BvR 1571/15 (u.a.), NZA 2017, 915, Rn. 197 – 199.

[27] BVerfG v. 11.07.2017, 1 BvR 1571/15 (u.a.), NZA 2017, 915, Rn. 187 – 188. Das Gericht nennt dabei u.a. langfristige Leistungen zur Alterssicherung und Arbeitsplatzgarantien.

[28] BVerfG v. 11.07.2017, 1 BvR 1571/15 (u.a.), NZA 2017, 915, Rn. 200 – 205.

die Interessen der Mitglieder der Minderheitsgewerkschaft übergehe. Die Richtigkeitsvermutung basiere jedoch auf der gleichen Chancenverteilung zwischen den Berufsgruppen bei der Vertretung der eigenen Interessen, die im Rahmen des Nachzeichnungsrechts nicht sichergestellt sei. Da mithin nicht angenommen werden könne, dass der Mehrheitstarifvertrag auch für diese Berufsgruppe ein angemessenes Gesamtergebnis darstelle, stünde die Verdrängung im Widerspruch zu Art. 9 Abs. 3 GG.

3. Rechtsfolge

Aufgrund der partiellen Unzumutbarkeit wird die Regelung des § 4a TVG durch das BVerfG im Ergebnis für teilweise unvereinbar mit dem Grundgesetz erklärt. Daraus leitet das BVerfG jedoch nicht die Nichtigkeit der Regelung ab[29], sondern im Licht der Bedeutung der vom Gesetzgeber verfolgten Ziele und weil die Beeinträchtigungen abgemildert werden könnten, sei mit Respekt gegenüber dem Gesetzgeber die Regelung weiter anzuwenden. Bis zu einer Neuregelung und längstens bis zum 31. Dezember 2018[30] steht dies allerdings unter der Bedingung, dass die Mehrheitsgewerkschaft plausibel darlegt, dass die Interessen der jeweils betroffenen Minderheitsberufsgruppe ernsthaft und wirksam in ihrem Tarifvertrag berücksichtigt werden. Davon sei beispielsweise auszugehen, wenn die betroffene Arbeitnehmergruppe in der Mehrheitsgewerkschaft hinreichend vertreten sei. Im Einzelnen sei die Bewertung dieser Frage jedoch Aufgabe der Fachgerichte.

---

[29] BVerfG v. 11.07.2017, 1 BvR 1571/15 (u.a.), NZA 2017, 915, Rn. 215 ff.

[30] BVerfG v. 11.07.2017, 1 BvR 1571/15 (u.a.), NZA 2017, 915, Rn. 218.

III. Bewertung der Entscheidung

Die Entscheidung des Bundesverfassungsgerichts ist nicht unproblematisch und an einigen Stellen kritikwürdig, auch wenn der Entscheidung im Grundsatz zugestimmt werden kann, da das Gericht die Verdrängungswirkung des § 4a TVG zu Recht als verfassungswidrig bezeichnet.

1. Zutreffende Bestimmung des Schutzbereichs und der Beeinträchtigung der Koalitionsfreiheit

Der Schutzbereich und die Beeinträchtigung der Koalitionsfreiheit durch die Verdrängung des Tarifvertrags werden zutreffend beschrieben, wobei das Gericht auch die strukturelle Benachteiligung der Minderheitsgewerkschaften, den Einfluss auf die innere Organisation und die damit verbundene besondere Schwere des Eingriffs erkennt. Spannend ist in diesem Zusammenhang, dass das Gericht die Möglichkeiten zur Kompensation des Wegfalls des Tarifvertrags nur sehr kursorisch betrachtet und schuldrechtliche Lösungen, trotz der Diskussion in der Literatur[31], nicht in Erwägung zieht. Es lässt sich daher zumindest vermuten, dass der Erste Senat in der normativen Wirkung der kollektivrechtlichen Vereinbarung einen Mindeststandard für die Ausgestaltung der Koalitionsfreiheit sieht.

Darüber hinaus ist die Bewertung der Auswirkungen von § 4a TVG auf die Arbeitskampffreiheit der Gewerkschaften zu begrüßen. An dieser Stelle kann dem Gericht auch zugestimmt werden, wenn es der Anmerkung des Gesetzgebers in der Gesetzesbegründung keine Bedeutung zumisst, da diese im Widerspruch zur Wirkungsweise des § 4a TVG steht[32]. Die Regelung kann die Bewertung der Verhältnismäßigkeit eines Streiks für den Minder-

---

31 Siehe hierzu *Rieger*, Tarifeinheitsgesetz, S. 78 f. (m.w.N.).

32 *Rieger*, Tarifeinheitsgesetz, S. 83 ff. (m.w.N.); aus der neuere Literatur siehe nur: *Rödl/Leidinger*, Tarifautonomie als Gerechtigkeit – und warum das TEG trotzdem hätte scheitern müssen, Verfassungsblog, 16.07.2017, (DOI: 10.17176/20170716-163609, abrufbar unter: goo.gl/5gTMUj, zuletzt abgerufen am 30.08.2017).

heitstarifvertrag nicht beeinflussen, da der Abschluss eines Minderheitstarifvertrags gerade die Voraussetzung der Verdrängung ist und weil auch das Nachzeichnungsrecht erst nach dem Abschluss eines Minderheitstarifvertrags geltend gemacht werden kann. Darüber hinaus steht nicht fest, welche Mehrheitsverhältnisse im Betrieb zum Zeitpunkt der Kollision herrschen werden, da diese erst nach dem Abschluss des Tarifvertrags feststellbar sind und nach der Entscheidung des BVerfG wird auch nur noch ein Teil des Minderheitstarifvertrags verdrängt, wobei auch der Umfang der Verdrängung erst dann bestimmt werden kann, wenn sich die Tarifverträge gegenüberstehen. Da mithin im Vorhinein nicht feststeht, ob und inwieweit der Tarifvertrag der vermeintlichen Minderheitsgewerkschaft tatsächlich verdrängt wird, gibt es keine Veranlassung diesen Umstand in die Bewertung der Rechtmäßigkeit eines Streiks einzubeziehen. Es ist daher – anders als vereinzelt befürchtet[33] – auch nicht zu erwarten, dass diese Entscheidung weitere Auswirkungen auf die Bewertung der Verhältnismäßigkeit von Streiks im Allgemeinen haben wird.

2. Weitreichende Ausgestaltungsbefugnis des Gesetzgebers

Der aufgezeigten Möglichkeit zur Rechtfertigung dieser Beeinträchtigung durch den Erhalt der Funktionsfähigkeit der Tarifautonomie ist grundsätzlich ebenfalls zuzustimmen, zumal sich das Gericht hierbei vornehmlich auf den Erhalt der strukturellen Parität zwischen den beteiligten Koalitionen und auf die damit verbundene Richtigkeitsgewähr bezieht. Der Senat wechselt dabei während der Prüfung der Eingriffsrechtfertigung in die Betrachtung der Ausgestaltungsbefugnis, so dass auf der Basis dieser Entscheidung die Ausgestaltung des Grundrechts aus Art. 9 Abs. 3 GG als besondere Eingriffsbefugnis angesehen werden kann, die ihre Rechtfertigung in den strukturellen Voraussetzungen des Art. 9 Abs. 3 GG selbst findet und bei deren Ausübung der Gesetzgeber einen erheblichen Prognose- und Gestaltungsspielraum hat.

Zu widersprechen ist dem Gericht dabei insoweit, dass es auch die Verhältnisse zwischen den Gewerkschaften als ausgestaltungsbedürftig ansieht, da

---

33 *Haußmann*, ArbRAktuell 2017, 353, 354.

es die damit verbundenen Rückwirkungen auf den Koalitionspluralismus unterschätzt. Auch wenn es möglich ist, dass durch die Konkurrenz der Gewerkschaften die Parität zum Arbeitgeber beeinflusst wird, ist es kaum möglich diese zu regeln, ohne die Koalitionspluralität zu beeinträchtigen. So kann eine Gewerkschaft, die aufgrund des Erstarkens einer anderen Gewerkschaft an Durchsetzungsstärke verliert, kaum wieder gegenüber dem Arbeitgeber gestärkt werden, ohne dass die andere in ihrer Position geschwächt wird. Einer solchen Regelung ist daher eine Verletzung der Neutralitätspflicht – deren Bedeutung das Gericht selbst zum Ausdruck bringt – immanent und es ist daher widersprüchlich, diese als Ausgestaltung der Koalitionsfreiheit anzusehen und so dem Gesetzgeber trotz dieser Gefährdungslage einen besonders weiten Spielraum zuzugestehen[34]. Unzutreffend ist in diesem Zusammenhang auch, dass das BVerfG in der Regelung des § 4a TVG eine Kollisionsnorm erkennt[35], obwohl eine Tarifkollision, wie sie vom Gesetz definiert wird, gerade nicht zu einer Kollision von Tarifnormen im einzelnen Arbeitsverhältnis führt. Erst durch die Verdrängung des Minderheitstarifvertrags durch § 4a TVG kommt es zu einem Normenmangel, der durch die Nachzeichnung behoben werden muss.

3. Fehlende Eignung der Tarifeinheit zur Erreichung der legitimen Ziele des Gesetzgebers

Der weite Spielraum des Gesetzgebers und die damit verbundene Reduzierung der Prüfintensität sind es auch, die im weiteren Verlauf Kritik an dem Urteil provozieren[36], da die Ziele und die vom Gesetzgeber postulierten Umstände so nur oberflächlich untersucht werden. Gerade dann, wenn der Gesetzgeber seine Handlungen auf drohende Funktionsstörungen stützt, dürfen

---

34 Vgl. BVerfG v. 11.07.2017, 1 BvR 1571/15 (u.a.), NZA 2017, 915, Rn. 1 des Sondervotums, das von einer Verminderung der Kontrollfunktion des BVerfG spricht.

35 BVerfG v. 11.07.2017, 1 BvR 1571/15 (u.a.), NZA 2017, 915, Rn. 107, 160, 178 u. 179.

36 BVerfG v. 11.07.2017, 1 BvR 1571/15 (u.a.), NZA 2017, 915, Rn. 1 des Sondervotums; *Freese*, Kalkül schlägt Kontrolle, JuWissBlog, 27.07.2017, (abrufbar unter: goo.gl/mAKozK, zuletzt abgerufen am 30.08.2017).

diese ihn nur dann zum Handeln berechtigen, wenn sie substantiiert dargelegt werden[37]. Da es dem Gesetzgeber mit dem Tarifeinheitsgesetz jedoch nicht gelungen ist entsprechende Funktionsstörungen darzulegen[38], hätten seine vagen Befürchtungen nicht als Rechtfertigung für die Beeinträchtigung der Koalitionsfreiheit herangezogen werden dürfen.

Darüber hinaus sind nach meiner Ansicht ein Großteil der vom Gesetzgebers verfolgten Anliegen keine legitimen Ziele, da der Schutz bestimmter Gewerkschaften vor Konkurrenz[39] – abseits von schädigendem Wettbewerbsverhalten – keine Aufgabe des Gesetzgebers ist. Ferner kann die Verdrängung des Minderheitstarifvertrags aus dem einzelnen Arbeitsverhältnis nicht mit einer unbestimmten Verteilungsgerechtigkeit gerechtfertigt werden, da die Koalitionsfreiheit solchen Gerechtigkeitsvorstellungen des Gesetzgebers gerade entgegensteht[40]. Dies gilt sowohl für den Inhalt der Kollektivvereinbarung, als auch für die Frage, wer diese für den einzelnen Arbeitnehmer verhandelt. M.E. verblieben als legitime Ziele aus der Gesetzesbegründung nur der Erhalt der Parität der Tarifvertragsparteien und der Schutz vor unangemessenen Arbeitsbedingungen[41].

Das Tarifeinheitsgesetz ist jedoch nicht geeignet die verfolgten Ziele zu erreichen und die Bewertung der Eignung durch das BVerfG erscheint daher ebenfalls nur im Licht des weiten Prüfmaßstabes verständlich. Ein echter Koordinierungsanreiz ist nicht ersichtlich, denn in der Nachzeichnung kann eher eine Unterwerfung der Minderheitsgewerkschaft unter den Tarifvertrag

---

37 BVerfG v. 11.07.2017, 1 BvR 1571/15 (u.a.), NZA 2017, 915, Rn. 4 des Sondervotums; zustimmend auch *Wienbracke*, NJW 2017, 2506, 2508.

38 BVerfG v. 11.07.2017, 1 BvR 1571/15 (u.a.), NZA 2017, 915, Rn. 7 ff. des Sondervotums; *Stöhr,* Verfassung ohne Einheitstarif, JuWissBlog, 20.07.2017, (abrufbar unter: goo.gl/ai4Xmr, zuletzt abgerufen am 30.08.2017).

39 Vgl. BVerfG v. 11.07.2017, 1 BvR 1571/15 (u.a.), NZA 2017, 915, Rn. 11 des Sondervotums.

40 Diese werden jedoch mit dem Tarifeinheitsgesetz verfolgt, BVerfG v. 11.07.2017, 1 BvR 1571/15 (u.a.), NZA 2017, 915, Rn. 19 des Sondervotums spricht von *„Vorstellungen objektiver Richtigkeit"*.

41 *Rieger*, Tarifeinheitsgesetz, S. 114 ff.

der Mehrheitsgewerkschaft erkannt werden[42], die einer Minderheitsgewerkschaft wohl wenig verlockend erscheint. Zurecht wird daher darauf hingewiesen, dass die drohende Verdrängungswirkung auch zu mehr Konflikten statt zur Koordinierung der Gewerkschaften führen könnte[43]. Ferner ist nicht ersichtlich, wie das Gesetz tatsächlich zu einer gerechten Verteilung führen, oder vor unangemessenen Arbeitsbedingungen schützen soll, wenn dadurch nur die Gerechtigkeitsvorstellungen bestimmter Gewerkschaftstypen umgesetzt werden. Nicht zu Letzt ist das Tarifeinheitsgesetz nicht geeignet die Parität der Tarifvertragsparteien zu beeinflussen, da in Ermangelung von Auswirkungen auf die Arbeitskampffreiheit keine Auswirkungen auf die Kampfkraft der Minderheitsgewerkschaft ersichtlich sind.

4. Zumutbarkeit wird nur auf methodisch fragwürdigem Weg erreicht

Besonders kritikwürdig sind letztlich die Ausführungen des Gerichts zur Zumutbarkeit der Regelung. Die Abwägung des BVerfG berücksichtigt bereits zu Beginn nicht den Umstand, dass das Gesetz durch seine Vorwirkungen sofort belastend wirkt, während die vom Gesetzgeber benannten Gefährdungen lediglich als zukünftige Bedrohungen bezeichnet werden können. Darüber hinaus sind aber auch die Ausführungen des Senats zur Beschränkung der beeinträchtigenden Wirkung problematisch, da die Entscheidung hier eine Reihe von Widersprüchlichkeiten enthält. Diese erwecken den Eindruck, dass das Gericht bewusst Nachsorge für den Gesetzgeber betreibt, um die Regelung trotz der erkannten Verfassungswidrigkeit aufrecht erhalten zu können[44].

---

[42] BVerfG v. 11.07.2017, 1 BvR 1571/15 (u.a.), NZA 2017, 915, Rn. 12 des Sondervotums.

[43] BVerfG v. 11.07.2017, 1 BvR 1571/15 (u.a.), NZA 2017, 915, Rn. 14 des Sondervotums; *Rödl/Leidinger*, Tarifautonomie als Gerechtigkeit – und warum das TEG trotzdem hätte scheitern müssen, Verfassungsblog, 16.07.2016, (DOI: 10.17176/20170716-163609, abrufbar unter: goo.gl/5gTMUj, zuletzt abgerufen am 30.08.2017).

[44] BVerfG v. 11.07.2017, 1 BvR 1571/15 (u.a.), NZA 2017, 915, Rn. 22 des Sondervotums.

Bereits die Annahme, die Regelung sei tarifdispositiv, ist wenig überzeugend, da es dann den Verursachern der Funktionsstörung der Tarifautonomie anheimgestellt wird, die Funktionsstörung weiter aufrecht zu erhalten, sofern dies ihren gemeinsamen Interessen entspricht[45]. Die Kooperation zwischen den Koalitionen könnte sich dann auf die Abbedingung von § 4a TVG beschränken, ohne dass dadurch etwaige strukturelle Verwerfungen der Tarifautonomie behoben werden würden. Die Vorgabe, dass eine tarifvertragliche Norm nur dann über die Verdrängungswirkung entscheiden kann, wenn alle beteiligten Gewerkschaften und der Arbeitgeber sie tragen, ist dabei wohl dem Erhalt dieses Mindestmaßes an Kooperation geschuldet. Dieses Bestreben wird in der Folge allerdings wieder konterkariert, wenn das Gericht feststellt, dass die Verdrängungswirkung nicht eintrete, wenn die Regeln des Mehrheitsvertrags eine Ergänzung zulassen. Damit kann die Anwendung der Verdrängungswirkung jedoch nicht nur durch eine Vereinbarung zwischen allen beteiligten Parteien ausgesetzt werden, sondern es genügt bereits eine Vereinbarung zwischen Arbeitgeber und Mehrheitsgewerkschaft.

Die weite Auslegung des Nachzeichnungsanspruchs durch den Senat ist im Gesetz nicht angelegt und wird methodisch auch nur auf schwer nachvollziehbare Weise begründet. Ebenso erscheint die Auslegung des Anhörungs- und Vortragsrechts problematisch, da diese sogar im Widerspruch zum ausdrücklichen Willen des Gesetzgebers steht. Das Gericht bewegt sich damit jedenfalls an den Grenzen richterlicher Rechtsauslegung und führt wohl eher eine Rechtsfortbildung durch, deren Voraussetzungen m.E. jedoch nicht erfüllt sind[46]. Ferner ist auch der Wert dieser Rechtsfortbildung fraglich,

---

45 *Rödl/Leidinger*, Tarifautonomie als Gerechtigkeit – und warum das TEG trotzdem hätte scheitern müssen, Verfassungsblog, 16.07.2017, (DOI: 10.17176/20170716-163609, abrufbar unter: goo.gl/5gTMUj, zuletzt abgerufen am 30.08.2017).

46 Ausführlich dazu *Münder*, Karlsruhe im methodischen Abseits, JuWissBlog, 20.07.2017, (abrufbar unter: goo.gl/xC4LjT, zuletzt abgerufen am 30.08.2017); *Freese*, Kalkül schlägt Kontrolle, JuWissBlog, 27.07.2017, (abrufbar unter: goo.gl/mAKozK, zuletzt abgerufen am 30.08.2017), spricht von unzulässiger Rechtsfortbildung.

denn jedenfalls durch die Verfahrensrechte lässt sich die beeinträchtigende Wirkung der Verdrängung des Tarifvertrags kaum reduzieren[47].

Zu Recht wird auch die vielfältige Überantwortung weitergehender Aufgaben an die Fachgerichte kritisiert, da der Senat sich hier m. E. teilweise seiner eigenen Verantwortung entzieht[48]. Zu benennen sind dabei die Auslegung der Tarifverträge im Hinblick auf den Umfang der Verdrängungswirkung, die Beschränkung des Wiederauflebens des Minderheitstarifvertrags im Fall des Gewerkschaftshoppings, der Umgang mit der Offenlegung der Mitgliedsstärke der Gewerkschaften[49] und der Erhalt langfristiger Ansprüche aus den Minderheitstarifverträgen. Da all diese Faktoren Auswirkungen auf die Zumutbarkeit der Regelung haben, hätte das BVerfG entweder selbst eindeutige Vorgaben aus dem Gesetz sowie aus Art. 9 Abs. 3 GG ableiten müssen, die die verfassungsrechtliche Zumutbarkeit gewährleisten, oder die notwendigen Konsequenzen ziehen müssen, soweit dies nicht möglich ist[50].

Die Ausführungen zu den langfristigen Leistungen erscheinen darüber hinaus auch widersprüchlich, weil das Gericht es selbst als unzumutbar bezeichnet, dass die Wirkung des § 4a TVG auch solche besonders schützenwerte Ansprüche betrifft und keine Vorkehrungen vorhanden seien, die den ersatzlosen Wegfall verhindern. Anstatt daraus die Verfassungswidrigkeit der Regelung abzuleiten, veranlasst das BVerfG die Fachgerichte Nachsorge für den Gesetzgeber zu betreiben. Es ist nur schwer verständlich, warum das BVerfG nicht auch an dieser Stelle den Gesetzgeber zum Nachbessern auffordert[51], denn es ist die Regelung des § 4a TVG selbst und nicht

---

47 *Freese*, Kalkül schlägt Kontrolle, JuWissBlog, 27.07.2017, (abrufbar unter: goo.gl/mAKozK, zuletzt abgerufen am 30.08.2017).

48 BVerfG v. 11.07.2017, 1 BvR 1571/15 (u.a.), NZA 2017, 915, Rn. 3 des Sondervotums.

49 Kritisch hierzu: *Rödl/Leidinger*, Tarifautonomie als Gerechtigkeit – und warum das TEG trotzdem hätte scheitern müssen, Verfassungsblog, 16.07.2017, (DOI: 10.17176/20170716-163609, abrufbar unter: goo.gl/5gTMUj, zuletzt abgerufen am 30.08.2017).

50 BVerfG v. 11.07.2017, 1 BvR 1571/15 (u.a.), NZA 2017, 915, Rn. 3 des Sondervotums.

51 Vgl. BVerfG v. 11.07.2017, 1 BvR 1571/15 (u.a.), NZA 2017, 915, Rn. 18 des Sondervotums.

die Anwendung des weiteren maßgeblichen Rechts, die zu einer unzumutbaren Situation für die Inhaber langfristiger Ansprüche führt. Es bleibt abzuwarten, ob ein Fachgericht die Chance ergreift und unter Hinweis auf diese Stelle der Entscheidung dem BVerfG § 4a TVG erneut vorlegt.

Die fehlende Berücksichtigung der Minderheitsinteressen im Rahmen der Nachzeichnung wird vom Gericht zurecht als unzumutbare Belastung bezeichnet. Dabei verdeutlicht die Argumentation des Senats jedoch gerade die Paradoxie der Tarifeinheit an sich, denn durch das Gesetz sollen die Interessen der Mehrheit vor einer übermäßigen Beeinträchtigung durch die Minderheit geschützt werden, jedoch muss in Folge des Gesetzes die Minderheit davor geschützt werden, dass man ihre Interessen vollständig übergeht[52]. Angesichts dieser Folge des Gesetzes ist es nur schwer verständlich, warum das Gericht hierin keine Verletzung der staatlichen Neutralitätspflicht erkennt. Ferner hätte das Gericht aus seiner Argumentation auch weitreichendere Schlüsse ziehen können, denn es begründet seine Bedenken gegenüber der Verdrängung des Minderheitstarifvertrags mit der Beeinträchtigung der Richtigkeitsgewähr, die sich aus der Vernachlässigung der Interessen der Minderheit ergeben könne. Da das Gesetz selbst jedoch gerade dem Erhalt der Richtigkeitsgewähr dienen soll, wäre es konsequent gewesen, der Regelung die Eignung zur Erreichung des gesetzgeberischen Ziels abzusprechen und nicht nur deren Zumutbarkeit zu hinterfragen[53].

Die vom BVerfG angeordnete modifizierte Anwendung des § 4a TVG erscheint ebenfalls problematisch, denn einerseits hätte die Regelung dieser Frage im Sinne der Wesentlichkeitstheorie dem Gesetzgeber überlassen

---

[52] Ähnlich auch *Rödl/Leidinger*, Tarifautonomie als Gerechtigkeit – und warum das TEG trotzdem hätte scheitern müssen, Verfassungsblog, 16.07.2017, (DOI: 10.17176/20170716-163609, abrufbar unter: goo.gl/5gTMUj, zuletzt abgerufen am 30.08.2017).

[53] BVerfG v. 11.07.2017, 1 BvR 1571/15 (u.a.), NZA 2017, 915, Rn. 14 des Sondervotums.

werden müssen[54] und andererseits offenbart das BVerfG ein stark kollektivistisches Verständnis von Arbeitnehmerinteressen[55]. Grundsätzlich ist es zwar zu begrüßen, dass die Interessen der Minderheit wenigstens ernsthaft und wirksam im Mehrheitstarifvertrag berücksichtigt sein müssen, bevor es überhaupt zu einer Verdrängung kommt. Will man aufgrund dieser Anordnung jedoch nicht mit der inhaltlichen Kontrolle und dem inhaltlichen Vergleich der Tarifverträge beginnen[56] – und damit die Richtigkeitsgewähr weiter untergraben – bleibt nur die Anknüpfung an strukturelle Faktoren, wie den Umfang der Repräsentation der betroffenen Berufsgruppen in der Mehrheitsgewerkschaft oder deren satzungsgemäßer Einfluss auf die Willensbildung der Mehrheit[57]. Gerade hier zeigt sich aber, wie weitgehend die Interessen und Entscheidungen des einzelnen Arbeitnehmers durch die Tarifeinheit übergangen werden, denn man stelle sich Situationen vor, in denen ca. 50 % einer Berufsgruppe aus der Mehrheitsgewerkschaft ausgetreten sind, da sie ihre Interessen dort nicht ausreichend berücksichtigt sahen. Damit ihre Interessen zukünftig angemessen berücksichtigt werden, haben sie eine (Minderheits-)Gewerkschaft gegründet und sich einen entsprechenden Tarifvertrag erkämpft. In dieser Situation erscheint es zynisch, die Verdrängung des Minderheitstarifvertrags als zumutbar anzusehen, weil für die Nachzeichnung ein Tarifvertrag zur Verfügung steht, der aufgrund der weiterhin bestehenden Vertretung der entsprechenden Berufsgruppe in der Mehrheitsgewerkschaft für sich beanspruchen kann, die Interessen der Minderheit hinreichend wahrzunehmen. Der Wille des einzelnen Gewerkschaftsmitglieds und dessen individuelle Interessen werden dabei zugunsten

---

54 BVerfG v. 11.07.2017, 1 BvR 1571/15 (u.a.), NZA 2017, 915, Rn. 3 des Sondervotums.

55 BVerfG v. 11.07.2017, 1 BvR 1571/15 (u.a.), NZA 2017, 915, Rn. 19 des Sondervotums.

56 Vgl. *Löwisch*, Das Schicksal der Tarifeinheit ist ungewiss, Rechtsboard-Handelsblatt, 14.07.2017, (abrufbar unter: goo.gl/B47hgN, zuletzt abgerufen am 30.08.2017).

57 So die Vorschläge des Senats, BVerfG v. 11.07.2017, 1 BvR 1571/15 (u.a.), NZA 2017, 915, Rn. 215.

eines postulierten berufsspezifischen Kollektivinteresses übergangen, dass weder bestimmbar noch überprüfbar ist[58].

5. Vernachlässigung des Willens des Koalitionsmitglieds

Mit seiner Argumentation macht der Senat darüber hinaus deutlich, dass er als Grundlage für die Wirkung kollektivrechtlicher Tarifnormen nicht den Unterwerfungswillen der Mitglieder unter die kollektiv vereinbarten Normen (kollektive Privatautonomie), sondern die staatlich verliehene Normsetzungsbefugnis sieht. Nur so lässt sich erklären, dass dem Willen des Gewerkschaftsmitglieds in dem Urteil so wenig Bedeutung beigemessen wird und dass die beeinträchtigende Wirkung der Verdrängung der eigenen Tarifnormen weniger belastend erscheint, wenn zugunsten eines Ausgleichs innerhalb des Kollektivs fremde Tarifnormen im Wege der Nachzeichnung angewendet werden[59].

Aus meiner Sicht bleibt zu hoffen, dass das BVerfG zukünftig auch wieder willenstheoretische Aspekte in seinen Entscheidungen betont, denn nur wenn die Ergebnisse der Tarifautonomie den Interessen der gewerkschaftlich aktiven Arbeitnehmer entsprechen, können die Vorteile der Tarifautonomie auch langfristig genutzt werden. Dabei bedeutet die Anerkennung der Willenstheorie keinesfalls die Negierung der Ausgestaltungsbefugnis des Gesetzgebers[60], setzt ihr jedoch dort Grenzen, wo der Wille des Gewerkschaftsmitglieds gänzlich unbeachtlich und damit die Koalitionsfreiheit insgesamt entwertet wird. Beispielsweise ist das Recht zur Gründung und zum

---

58 BVerfG v. 11.07.2017, 1 BvR 1571/15 (u.a.), NZA 2017, 915, Rn. 9 des Sondervotums.

59 *Rödl/Leidinger*, Tarifautonomie als Gerechtigkeit – und warum das TEG trotzdem hätte scheitern müssen, Verfassungsblog, 16.07.2017, (DOI: 10.17176/20170716-163609, abrufbar unter: goo.gl/5gTMUj, zuletzt abgerufen am 30.08.2017).

60 So aber wohl *Rödl/Leidinger*, Tarifautonomie als Gerechtigkeit – und warum das TEG trotzdem hätte scheitern müssen, Verfassungsblog, 16.07.2017, (DOI: 10.17176/20170716-163609, abrufbar unter: goo.gl/5gTMUj, zuletzt abgerufen am 30.08.2017), die die Ausgestaltung der Regeln des Kollektivvertrags durch den Gesetzgeber wohl weitgehend für unvereinbar mit der Willenstheorie halten.

Beitritt zu einer Koalition nicht als bloßer Selbstzweck grundrechtlich geschützt, sondern findet seinen tieferen Sinn in der Betätigungsfreiheit der Koalition und damit in der Vereinbarung kollektiver Arbeitsbedingungen – mithin in der Tarifautonomie. Misst man dabei dem Willen des Mitglieds einer Koalition keine Bedeutung zu und stellt die Wirkung der Tarifnormen in seinem Arbeitsverhältnis unter den Ausgestaltungsvorbehalt des Gesetzgebers, verbleibt das Recht zur Gründung und zum Beitritt zu einer Koalition als wertlose Hülle. Erkennt man die freiheitliche Dimension des Grundrechts aus Art. 9 Abs. 3 GG an[61], stellt sich daher auch nicht die Frage, welcher Sinn mit der Koalitionspluralität verbunden ist[62], sondern welchen Sinn die Existenz sowie die Konkurrenz mehrerer Gewerkschaften noch hat, wenn ihre Betätigung so weitreichend beschränkt wird[63].

6. Inkonsequenz bei der Rechtsfolge

Unverständlich ist letztlich auch die vom Gericht angeordnete Rechtsfolge[64]. Angesichts der Tatsache, dass das Gesetz an zwei Stellen als unzumutbar angesehen wird, ist es verwunderlich, dass das Gericht die Regelung für vorläufig weiter anwendbar erklärt. Wenn das Gericht sich dabei darauf beruft, dass nicht der Kern der Regelung betroffen sei, so verkennt es nach meiner Ansicht, dass es die Verdrängungswirkung und damit der zentrale Bestandteil der Regelung ist, die zu unzumutbaren Belastungen führt[65]. Bedenkt man weiter, welche methodischen Wege das BVerfG gehen musste,

---

61 BVerfG v. 11.07.2017, 1 BvR 1571/15 (u.a.), NZA 2017, 915, Rn. 130.

62 So aber *Rödl/Leidinger*, Tarifautonomie als Gerechtigkeit – und warum das TEG trotzdem hätte scheitern müssen, Verfassungsblog, 16.07.2017, (DOI: 10.17176/20170716-163609, abrufbar unter: goo.gl/5gTMUj, zuletzt abgerufen am 30.08.2017).

63 Das Sondervotum spricht in diesem Zusammenhang davon, dass eine widerspruchsfreie Ordnung nicht mit dem Koalitionspluralismus vereinbar ist, BVerfG v. 11.07.2017, 1 BvR 1571/15 (u.a.), NZA 2017, 915, Rn. 5 des Sondervotums.

64 BVerfG v. 11.07.2017, 1 BvR 1571/15 (u.a.), NZA 2017, 915, Rn. 22 des Sondervotums.

65 Vgl. *Löwisch*, Das Schicksal der Tarifeinheit ist ungewiss, Rechtsboard-Handelsblatt, 14.07.2017, (abrufbar unter: goo.gl/B47hgN, zuletzt abgerufen am 30.08.2017).

um nicht noch mehr Bestandteile des Gesetzes für unzumutbar zu erklären, so wäre die Nichtigkeit hier wohl die angemessene Rechtsfolge gewesen[66].

Dass das Gericht dabei aus Respekt gegenüber dem Gesetzgeber die Regelung des § 4a TVG nicht für nichtig erklärt hat, kann nur angenommen werden, wenn man das Ergebnis der aktuellen Entscheidung und die Mühen betrachtet, die das Gericht auf sich nimmt, um die Regelung verfassungskonform zu gestalten. Betrachtet man jedoch den Weg, den das Gericht dafür geht und damit die sehr weite Auslegung des Gesetzes, die den Willen des Gesetzgebers stellenweise übergeht, kann dies insgesamt kaum als Respekt gegenüber dem Gesetzgeber bezeichnet werden[67]. Es ist zu bezweifeln, dass eine solche Vernachlässigung des objektivierten gesetzgeberischen Willens durch andere Instanzen vor dem BVerfG bestand hätte[68].

Stattdessen könnte die Entscheidung aber auch so interpretiert werden, dass das Gericht den Gesetzgeber nicht aus der Verantwortung für eine Regelung zum Schutz der Tarifautonomie lassen wollte und daher die Neuregelung angeordnet hat. Nach dieser Entscheidung ist der Gesetzgeber moralisch zum Handeln verpflichtet, während die Nichtigkeitserklärung wohl dazu geführt hätte, dass der Gesetzgeber wieder in die bekannte Untätigkeit verfallen wäre[69]. Dies zu unterstellen, würde aber auch den Vorwurf beinhalten, dass das Gericht seine Entscheidung von politischen Faktoren abhängig gemacht hat[70].

---

66 BVerfG v. 11.07.2017, 1 BvR 1571/15 (u.a.), NZA 2017, 915, Rn. 23 des Sondervotums.

67 *Münder*, Karlsruhe im methodischen Abseits, JuWissBlog, 20.07.2017, (abrufbar unter: goo.gl/xC4LjT, zuletzt abgerufen am 30.08.2017), spricht von Ironie; a.A. *Wienbracke*, NJW 2017, 2506, 2508.

68 Vgl. *Münder*, Karlsruhe im methodischen Abseits, JuWissBlog, 20.07.2017, (abrufbar unter: goo.gl/xC4LjT, zuletzt abgerufen am 30.08.2017).

69 Dies ist aber auch jetzt nicht ganz auszuschließen, *Löwisch*, Das Schicksal der Tarifeinheit ist ungewiss, Rechtsboard-Handelsblatt, 14.07.2017, (abrufbar unter: goo.gl/B47hgN, zuletzt abgerufen am 30.08.2017).

70 So wohl *Freese*, Kalkül schlägt Kontrolle, JuWissBlog, 27.07.2017, (abrufbar unter: goo.gl/mAKozK, zuletzt abgerufen am 30.08.2017).

IV. Auswirkungen für die Praxis

Unabhängig von der Bewertung bedeutet die modifizierte Anwendung von § 4a TVG jedenfalls für die tarifrechtliche Praxis weitere Unsicherheit[71], denn es kann derzeit nicht vorhergesagt werden, wie die Fachgerichte mit den Vorgaben des Verfassungsgerichts umgehen werden. Unter welchen Umständen eine ernsthafte und wirksame Berücksichtigung der Interessen der betroffenen Arbeitnehmergruppen plausibel dargelegt werden kann und wann es zur Verdrängung des Minderheitsvertrags kommt, ist daher nicht absehbar. Es bleibt abzuwarten, ob diese Unsicherheit – ebenso wie die Unsicherheit über die Mehrheitsverhältnisse – die betroffenen Tarifparteien tatsächlich zur Kooperation animiert, oder ob die Unsicherheit über das geltende Recht im individuellen Arbeitsverhältnis zu mehr Konflikten führen wird.

Sollte diese Rechtsunsicherheit durch eine gesetzliche Neuregelung überwunden werden, könnten sich daraus in der Praxis neue taktische Möglichkeiten für die Koalitionen auf Arbeitgeberseite ergeben. Zwar dürfte es weiterhin wohl nicht zu rechtlichen Auswirkungen auf die Arbeitskampffreiheit kommen, jedoch könnten die Arbeitgeber in Betrieben mit klaren Mehrheitsverhältnissen die Arbeitskämpfe der Minderheit zukünftig ins Leere laufen lassen, indem sie im Vertrauen auf die spätere Verdrängung des Minderheitstarifvertrags die Forderungen der Minderheitsgewerkschaft anerkennen und einem Streik so den Boden entziehen[72].

Abschließend bleibt festzuhalten, dass mit dieser Entscheidung die verfassungsrechtlichen Fragen rund um die Tarifeinheit nur ansatzweise geklärt sind. Zwar steht fest, dass eine Tarifeinheit grundsätzlich mit Art. 9 Abs. 3

---

71 *Rödl/Leidinger*, Tarifautonomie als Gerechtigkeit – und warum das TEG trotzdem hätte scheitern müssen, Verfassungsblog, 16.07.2017, (DOI: 10.17176/20170716-163609, abrufbar unter: goo.gl/5gTMUj, zuletzt abgerufen am 30.08.2017).

72 *Freese*, Kalkül schlägt Kontrolle, JuWissBlog, 27.07.2017, (abrufbar unter: goo.gl/mAKozK, zuletzt abgerufen am 30.08.2017).

GG vereinbart werden kann, jedoch muss eine verfassungskonforme Ausgestaltung noch gefunden werden. Dabei werden die Fachgerichte eine Reihe von Fragen klären müssen, deren Beantwortung stellenweise wohl auch das BVerfG wieder beschäftigen wird. So wird der Schutz der langfristigen Ansprüche durch die Rechtsprechung der Fachgerichte sowie die ernsthafte und wirksame Berücksichtigung der Interessen der Minderheit im Mehrheitstarifvertrag wohl ebenso durch das BVerfG überprüft werden, wie die anstehende Neufassung des Gesetzes durch den Gesetzgeber. Auch wenn nach dieser Entscheidung die künftige Entwicklung kaum sicher vorhergesagt werden kann, lässt sich zumindest absehen, dass diese Entscheidung nicht das letzte Urteil des BVerfG zur Tarifeinheit ist.

Abkürzungsverzeichnis

i.a.	andere Ansicht
Abs.	Absatz
ArbRAktuell	Arbeitsrecht Aktuell
Art.	Artikel
BT-Ds.	Bundestagsdrucksache
BVerfG	Bundesverfassungsgericht
f.	folgende [Seite]
ff.	folgende [Seiten]
GG	Grundgesetz für die Bundesrepublik Deutschland
m.E.	meines Erachtens
m.w.N.	mit weiteren Nachweisen
NJW	Neue Juristische Wochenschrift
NZA	Neue Zeitschrift für Arbeitsrecht
NZA-Beil.	Neue Zeitschrift für Arbeitsrecht – Beilage
RdA	Recht der Arbeit
Rn.	Randnummer
S.	Satz/Seite
sog.	sogenannte
TEG	Tarifeinheitsgesetz
TVG	Tarifvertragsgesetz
u.	und
u.a.	unter anderem
v.	vom/von
vgl.	vergleiche

Literaturverzeichnis

Haußmann, Katrin; Das Tarifeinheitsgesetz ist „weitgehend verfassungsgemäß“, beruht aber auf streitbaren „Annahmen“ und „Thesen“; Arbeitsrecht Aktuell 2017, S. 353 ff.;
(zitiert: *Haußmann*, ArbRAktuell 2017, 353).

Konzen, Horst; Schliemann, Harald; Der Regierungsentwurf des Tarifeinheitsgesetzes; Recht der Arbeit 2015, S. 1 ff.;
(zitiert: *Konzen/Schliemann*, RdA 2015, 1).

Rieger, Patrick; Tarifeinheitsgesetz. Eine verfassungsrechtliche Bewertung; Berliner wirtschaftsrechtliche Schriften, Band 2; herausgegeben von Michael Jaensch und Irmgard Küfner-Schmitt; Berlin 2016;
(zitiert: *Rieger*, Tarifeinheitsgesetz).

Scholz, Rupert; Lingemann, Stefan; Ruttloff, Marc; Neue Zeitschrift für Arbeitsrecht Beilage zu Heft 1/2015, S. 3 ff.;
(zitiert: *Scholz/Lingemann/Ruttloff*, NZA-Beil. 2015, 3).

Wienbracke, Mike; Das Tarifeinheitsgesetz im Spiegel der BVerfG-Rechtsprechung; Neue Juristische Wochenschrift 2017, S. 2506 ff.;
(zitiert: *Wienbracke*, NJW 2017, 2506).

Berliner wirtschaftsrechtliche Schriften

Die Berliner wirtschaftsrechtlichen Schriften (BWS) werden von den Professoren der Hochschule für Technik und Wirtschaft Berlin, Michael Jaensch und Irmgard Küfner-Schmitt, herausgegeben und erscheinen im Gans Verlag, Berlin.

BWS 1 Patrick Müller, Mindestlohn. Berechnung und Auszahlung, 126 S., ISBN 978-3-946392-00-2

BWS 3 Patrick Rieger, Tarifeinheitsgesetz. Eine verfassungsrechtliche Bewertung, 177 S., ISBN 978-3-946392-01-9

BWS 3 Anke Götze, Die Haftung im eigenverwalteten Insolvenzverfahren. Eine Bewertung des Haftungskonzepts, 90 S., ISBN 978-3-946392-02-6

BWS 4 Marcel Paltin, Insiderinformationen und Ad-hoc-Publizität. Anforderungen an die Selbstbefreiung von der Veröffentlichungspflicht, 120 Seiten, ISBN 978-3-946392-03-3

BWS 5 Thomas Cunow, Vertrauenskapital und Abmahnung. Parameter einer verhaltensbedingten Kündigung, 130 S., ISBN 978-3-946392-04-0

BWS 6 Stephanie Raithel, Werbeblocker im Internet. Eine wettbewerbsrechtliche Beurteilung, 220 S., ISBN 978-3-946392-05-7

BWS 7 Nicole Conzelmann, Arbeitszeit in der digitalen Arbeitswelt, 141 S., ISBN 978-3-946392-08-8

BWS 8 Elena Koch, Union Busting, ca. 192 S. 978-3-946392-09-5

BWS 9 Patrick Rieger, Tarifeinheit mit Rechtsunsicherheit, 32 S., 978-3-946392-10-1

Wirtschaftsrechtliche Lernbücher

Die Wirtschaftsrechtlichen Lernbücher (WLB) erscheinen im Gans Verlag, Berlin.

WLB 1 Professor Dr. Michael Jaensch, **Juristische Methodenlehre.** Rechtsgeschichte, Auslegung und Rechtsfortbildung – mit zahlreichen Beispielen und Klausurfällen (WLB 1)
Broschur, 116 Seiten, 1. Auflage 2016, 14,95 €
ISBN 978-3-946392-06-4

WLB 2 Professor Dr. Michael Jaensch, Professorin Dr. Irmgard Küfner-Schmitt, Laura Schmitt, **Juristisches Arbeiten**. Für den erfolgreichen Start in das Rechtsstudium – mit zahlreichen Beispielen (WLB 2)
Broschur, 132 Seiten, 2. Auflage 2017, 14,95 €
ISBN 978-3-946392-11-8